Nunca mais...
e Poema dos poemas

CECÍLIA MEIRELES

Nunca mais...
e Poema dos poemas

Coordenação Editorial
André Seffrin

Apresentação
Luciano Rosa

São Paulo
2024

global
editora

© Condomínio dos Proprietários dos Direitos Intelectuais
de Cecília Meireles
Direitos cedidos por Solombra – Agência Literária
(solombra@solombra.org)

3ª Edição, Global Editora, São Paulo 2024

Jefferson L. Alves – diretor editorial
Gustavo Henrique Tuna – gerente editorial
Flávio Samuel – gerente de produção
André Seffrin – coordenação editorial, estabelecimento
de texto, cronologia e bibliografia
Eduardo Okuno – projeto gráfico
Taís Lago – capa
Stefan Wolny/Shutterstock – imagem de capa

A Global Editora agradece à Solombra – Agência Literária pela
gentil cessão dos direitos de imagem de Cecília Meireles.

**Dados Internacionais de Catalogação na Publicação (CIP)
(Câmara Brasileira do Livro, SP, Brasil)**

Meireles, Cecília, 1901-1964
    Nunca mais... e Poema dos poemas / Cecília Meireles ;
coordenação editorial André Seffrin ; apresentação Luciano Rosa.
– 3. ed. – São Paulo : Global Editora, 2024.

    ISBN 978-65-5612-622-7

    1. Poesia brasileira I. Seffrin, André. II. Rosa, Luciano. III. Título.

24-198839   CDD-B869.1

Índices para catálogo sistemático:
1. Poesia : Literatura brasileira   B869.1

Cibele Maria Dias - Bibliotecária - CRB-8/9427

Obra atualizada conforme o
NOVO ACORDO ORTOGRÁFICO DA LÍNGUA PORTUGUESA

Global Editora e Distribuidora Ltda.
Rua Pirapitingui, 111 – Liberdade
CEP 01508-020 – São Paulo – SP
Tel.: (11) 3277-7999
e-mail: global@globaleditora.com.br

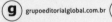 grupoeditorialglobal.com.br   @globaleditora
 /globaleditora   @globaleditora
 /globaleditora   /globaleditora
 blog.grupoeditorialglobal.com.br

Direitos reservados.
Colabore com a produção científica e cultural.
Proibida a reprodução total ou parcial desta
obra sem a autorização do editor.

Nº de Catálogo: **3624**

Sumário

Preparativos de *Viagem* | 9

Nunca mais... | 19
À hora em que os cisnes cantam... | 20
Beatitude | 21
A minha Princesa Branca | 23
Canção desilusória | 24
A chuva chove... | 26
Tumulto | 27
Ísis | 28
Intermezzo | 30
Sob a tua serenidade... | 31
Cantiga outonal | 32
À que há de vir no último dia... | 33
Oração da noite | 35
A elegia do fantasma | 36
Depois do sol... | 37
Dança bárbara | 38
Agitato | 40
Panorama além... | 41
Berceuse para quem morre | 42
Canção triste | 43
Noturno de amor | 44
A Inominável... | 45

Poema dos poemas | 47

PRIMEIRA PARTE | 51
Poema da Fascinação | 52
Poema da Ansiedade | 53

Poema da Grande Alegria | 55
Poema da Esperança | 57
Poema da Dúvida | 58
Poema da Ternura | 60
Poema da Tristeza | 62

Segunda parte | 63
Novo Poema da Tristeza | 64
Poema dos Desenganos | 65
Poema da Despedida | 67
Poema das Súplicas | 69
Poema das Lágrimas | 71
Poema do Perdão | 73
Poema das Bênçãos | 75

Terceira parte | 77
Poema da Solidão | 78
Poema da Saudade | 80
Poema da Dor | 82
Poema da Renúncia | 84
Poema da Humildade | 86
Poema do Regresso | 88
Poema da Sabedoria | 90

Cronologia | 93
Bibliografia básica sobre Cecília Meireles | 99
Índice de primeiros versos | 107

Preparativos de Viagem

Na *Obra poética* de Cecília Meireles, vinda a lume em 1958 pela José Aguilar, o marco inicial de seu extenso percurso lírico repousa em *Viagem* (1939), muito embora a carreira editorial da poeta, iniciada bem antes, abranja três livros pregressos.[1] Dessa forma, a reunião de 1958, a única publicada em vida, exclui, sob sua chancela, *Espectros* (1919), *Nunca mais... e Poema dos poemas* (1923) e *Baladas para El-Rei* (1925). Reiterado nas edições subsequentes da *Obra poética* (surgidas em 1967 e 1972) e na *Antologia* elaborada pela própria Cecília em 1963, o banimento dos primeiros títulos só seria parcialmente revogado nas *Poesias completas* organizadas por Darcy Damasceno para a Civilização Brasileira, em nove volumes, a partir de 1973. No sexto livro da coleção, finalmente se reeditavam *Nunca mais... e Poema dos poemas*, além das *Baladas para El-Rei*. Já *Espectros*, do qual nenhum exemplar parecia haver resistido à tentativa de apagamento perpetrada pela autora, só viria novamente a público em 2001, na *Poesia completa* (edição do centenário) preparada por Antonio Carlos Secchin, responsável pela redescoberta da lendária plaquete de 1919. Agora, esta louvável iniciativa da Global recoloca em circulação, em volumes autônomos, os títulos que antecederam ao livro de 1939, que, à guisa de exercícios de amadurecimento, assumem na poética ceciliana a feição de preparativos de *Viagem*.

Talvez a renegação da tríade inicial deva-se ao fato de Cecília, quando da publicação da *Obra poética*, quase quarenta anos após sua estreia editorial, não mais se reconhecer naqueles versos de juventude, parecendo-lhe

---

1 Referimo-nos às três primeiras coletâneas de poesia publicadas por Cecília Meireles. O número de volumes lançados antes de *Viagem* aumentará se considerarmos, por exemplo, *Criança meu amor...* (livro de prosa destinado ao público infantil, 1924) e *O espírito vitorioso* (ensaio, 1929).

prudente franquear acesso apenas à poesia da maturidade, efetivamente inaugurada na coletânea de 1939. Seja como for, para além do mero interesse documental, o contato com suas primícias permite que se acompanhem, desde os lances iniciais, os desdobramentos de uma das mais importantes obras da moderna poesia brasileira. Vê-se assim, em processo, o veio parnasiano da poeta de *Espectros* – autora de sonetos sobre vultos históricos e personagens bíblicas, classicamente vazados em decassílabos e alexandrinos – malear-se na variada configuração formal e na ambiência simbolista de *Nunca mais... e Poema dos poemas* e *Baladas para El-Rei*.

O presente volume reedita o segundo livro de Cecília Meireles, que reúne, geminados, dois conjuntos distintos e independentes. Avizinhados no arco cronológico da obra, *Nunca mais... e Poema dos poemas* guardam dessemelhanças no plano estrutural-discursivo, muito embora se tangenciem sob outros aspectos. As peculiaridades que os singularizam (sobretudo a diferença entre ambos e o antecessor *Espectros*) deixam entrever experimentações e guinadas da poeta iniciante em busca de sua identidade lírica. Não obstante, na juvenília já se insinuam algumas diretrizes fundamentais da obra madura.

Nunca mais... e Poema dos poemas colige 42 peças (21 em cada conjunto) irmanadas por (ou emanadas de) um estado de espírito em que se mesclam tristeza, desencanto, renúncia e resignação. O soneto inaugural antecipa o tom elegíaco da coletânea: sintomaticamente intitulado "À hora em que os cisnes cantam", e evoca, na abertura do livro escrito por uma jovem em torno dos vinte anos, o instante derradeiro, como a anunciar que, neste canto de desalento, o fim precede aos meios. Glosada na lírica ceciliana como noção afim à transitoriedade de tudo, a ideia de finitude aqui se consorcia com uma sensação de impossibilidade e impassibilidade que a tudo interdita e paralisa. Daí a "– Existência parada. Existência acabada" referida em "Panorama além...", da qual parecem derivar as palavras-chave do emblemático poema-pórtico: "Silêncio. Morte. Ausência./ [...]/ Todas as negações. Todas as negativas./ [...]/ – Nenhum mais. Ninguém mais. Nada mais. Nunca mais...".[2]

---

2 MEIRELES, Cecília. À hora em que os cisnes cantam... *In*: MEIRELES, Cecília. *Nunca mais... e Poema dos poemas*. São Paulo: Global, 2024. p. 20.

Já prenunciado no título da coletânea, em que ecoa o célebre refrão de "*The raven*", de Allan Poe, o impulso denegatório pontua não apenas os textos aqui reunidos, mas toda a poesia de Cecília Meireles, como salienta Antonio Carlos Secchin em reveladora estatística sobre os "numerosos advérbios negativos que abrem seus textos: nada menos que 53 poemas de Cecília se iniciam pela palavra 'não'".[3] Dois deles ("Sob a tua serenidade..." e "Panorama além...") integram o presente volume.

A negatividade concorre para a atmosfera brumosa e desolada que permeia os versos de *Nunca mais... e Poema dos poemas*. Neles deambula certa "alma perdida em nevoeiros de som",[4] ao ruído do "choro vão/ da água triste, do longo vento"[5] que "agita os galhos negros, no ar".[6] A essência anímica do sujeito lírico desvela-se a cada passo, em referências como "A alma, um deserto branco" (em "Panorama além"...) ou "minha alma sofre e põe-se aflita,/ na inconsolável, na infinita/ pena de ter de se esfolhar..." (em "Cantiga outonal"). Projetado nessa alma errante e angustiada, o sujeito palmilha sua trajetória de infortúnios e lamentos, deslocando-se entre um passado feliz (leia-se a "Canção triste") e um presente desditoso. É este o roteiro de "*Intermezzo*", cujas quadras iniciam-se com os seguintes decassílabos: "Eu tinha esta alma toda iluminada,/ [...]/ Eu tenho esta alma toda de tristezas".[7] Configura-se assim "esta existência falha"[8] esvaída em "mágoas, tédios e fracassos", calcinada "no infecundo amargor da solitude".[9]

A manifestação dos estados d'alma, bem se vê, ocupa lugar de relevo nessa poesia despojada de lastro de objetividade ou compromisso com o real imediato, em contínua aspiração a "caminhos sidéreos"[10]

---

3 SECCHIN, Antonio Carlos. O enigma Cecília Meireles. *In*: SECCHIN, Antonio Carlos. *Memórias de um leitor de poesia*. Rio de Janeiro: ABL; Topbooks, 2010. p. 130.
4 MEIRELES, Cecília. À que há de vir no último dia... *In*: MEIRELES, Cecília. *Op. cit.*, p. 33-34.
5 *Idem*. Tumulto. *Ibidem*, p. 27.
6 *Idem*. Cantiga outonal. *Ibidem*, p. 32.
7 *Idem*. Intermezzo. *Ibidem*, p. 30.
8 *Idem*. Sob a tua serenidade... *Ibidem*, p. 31.
9 *Idem*. Oração da noite. *Ibidem*, p. 35.
10 *Idem*. Poema dos Desenganos. *Ibidem*, p. 65.

que conduzam "ao além do mundo".[11] Esse movimento ascensional (que impele o sujeito lírico de *Poema dos poemas* na busca pelo "sol do último céu") faz transparecer um desejo de sublimidade patente não apenas no plano discursivo mas perceptível já na superfície do texto – no vocabulário rarefeito e no emprego reiterado das reticências, por exemplo. "Mistério... Sonolência.../ [...]/ Intuições... Irrealismos... Inconsciência..."; "Leve... – Pluma... Surdina... Aroma... Graça.../ [...]/ Fluido... Poesia... Névoa... Flor... Beleza...": colhidos quase ao acaso, os versos de "Noturno de amor" e "A Inominável..." sintetizam a natureza evanescente dessa poesia, em que ressoa a nota simbolista (ou neossimbolista, como preferem alguns críticos).

Para além do enlevo transcendente e do léxico volatilizado, afora o gosto pelas iniciais maiúsculas e pelas reticências, é possível detectar na produção juvenil de Cecília Meireles outras marcas que assinalam a influência do Simbolismo. Frequentemente apontada na lírica ceciliana, a musicalidade, tão cara à escola de Verlaine,[12] é traço que já se faz presente em *Nunca mais...* e *Poema dos poemas*. O apelo musical da poesia verlainiana, aliás, é expressamente referido em "A chuva chove..." ("A chuva é a música de um poema de Verlaine"); adiante, "os soluços graves/ dos violinos suaves"[13] da "*Chanson d'automne*" parecem ecoar na abertura de "*Agitato*", em que "os violinos choram, soturnos,/ dentro da noite morta e triste". Essa plangência, às vezes monocórdia, reverbera em toda a coletânea, dela emergindo, em contrapartida, uma beleza dolente, rebentada ao se "fazer do grito música".[14] "Têm sonoros encantamentos/ essas vozes de desconforto", lemos em "Dança bárbara". Como ensinou Cecília, "a poesia já é o grito (com toda a sua força), mas transfigurado".[15]

---

11 Idem. Dança bárbara. *Ibidem*, p. 38-39.
12 "*De la musique avant toute chose*" ("A música acima de tudo") é o verso que abre o poema *Art poétique*, de Paul Verlaine, um dos expoentes da escola simbolista.
13 "*Les sanglots longs/ Des violons*", versos iniciais do poema "*Chanson d'automne*", de Verlaine, citados a partir da tradução de Alphonsus de Guimaraens.
14 MEIRELES, Cecília. Entrevista a Haroldo Maranhão. *In*: MEIRELES, Cecília. *Obra poética*. Rio de Janeiro: José Aguilar, 1958. p. 78.
15 *Idem, Ibidem*.

A transfiguração poética operada em *Nunca mais... e Poema dos poemas* destila uma musicalidade em surdina, afinada com o meio-tom que "se [opunha] à eloquência parnasiana".[16] A observação é de Norma Goldstein em estudo sobre o Penumbrismo, estética em voga no início dos anos 1920, época em que Cecília Meireles escreveu os poemas aqui enfeixados. Rodrigo Octavio Filho anota que o Penumbrismo "é uma espécie de fumaça do Simbolismo" a envolver "poetas tentados pela sombra, fascinados pelo mistério", os quais, ao apagar das luzes da era parnaso-simbolista, "chegam a trocar o verso reluzente e a rima fatal por uma entidade quase metafísica".[17] Ao que parece, a poesia da jovem Cecília, vinda "de manso... Na névoa da penumbra",[18] não se esquivou a tal influxo.

Na década de 1920, a atuação de Cecília Meireles e o pendor metafísico de sua lírica aproximaram-na da "corrente espiritualista" capitaneada por Andrade Muricy e Tasso da Silveira, congregada em torno das revistas *Árvore nova*, *Terra de sol* e *Festa*. Darcy Damasceno registra que os textos de *Nunca mais... e Poema dos poemas*, compostos ao tempo da "aproximação, que se deu em agosto de 1922, entre Cecília Meireles e a revista *Árvore nova* [...], entremostram laivos do novo convívio", sendo que a influência se verifica com mais nitidez "na segunda parte da coletânea – *Poema dos poemas*".[19] Com efeito, os traços "espiritualistas" – não propriamente "religiosos" – da produção juvenil de Cecília são comumente rastreados neste livro de 1923. Em *Poema dos poemas*, o discurso laudatório consagrado ao Eleito – habitante do "País maravilhoso da Beleza perfeita",[20] vestido com "roupas de realeza" e ornado com "diademas deslumbradores/ de astros"[21] –

---

16 GOLDSTEIN, Norma. *Do Penumbrismo ao Modernismo*. São Paulo: Ática, 1983. p.13.
17 OCTAVIO FILHO, Rodrigo. Sincretismo e transição: o Penumbrismo. *In*: COUTINHO, Afrânio (Org.). *A literatura no Brasil*. Rio de Janeiro: Livraria São José, 1959. v. 3, t. 1, p. 316.
18 MEIRELES, Cecília. Noturno de amor. *In*: MEIRELES, Cecília. *Nunca mais... e Poema dos poemas*. São Paulo: Global, 2024. p. 44.
19 DAMASCENO, Darcy. Poesia do sensível e do imaginário. *In*: MEIRELES, Cecília. *Obra poética*. Rio de Janeiro: José Aguilar, 1958. p. 13-14.
20 MEIRELES, Cecília. Poema da Esperança. *In*: MEIRELES, Cecília. *Nunca mais... e Poema dos poemas*. São Paulo: Global, 2024. p. 57.
21 *Idem*. Poema da Saudade. *Ibidem*, p. 80.

pode ser lido à luz da relação intertextual (indiciada já no título) com o *Cântico dos cânticos*, livro do Antigo Testamento atribuído a Salomão. No *Poema* ceciliano, contudo, a configuração polifônica do *Cântico* bíblico cede passo ao monólogo enunciado por uma "voz de humildade e tormento"[22] transida de fascínio e devoção.

Elaborado em torno da "ascensão dolorosa"[23] que incita essa voz, *Poema dos poemas* se vale de sua unidade estrutural para manifestar sentido pleno. Trata-se, como antecipa o título, de vários poemas articulados numa composição maior: dividido em três seções, cada qual com sete peças, o *Poema* perfaz um ciclo em que a busca do inatingível Eleito converte-se numa espécie de experiência iniciática tangida pela "Volúpia da clarividência".[24] A propósito, o último verso de *Nunca mais...* – "Silêncio! Divindade! Iniciação!" – parece despontar como senha do processo de depuração existencial que começará em seguida, no qual o sujeito lírico percorrerá as várias estações indicadas nos títulos dos poemas: fascinação, ansiedade, esperança, dúvida, tristeza, desengano, súplicas, perdão, renúncia, humildade – até alcançar a sabedoria.

O ritual ascético encenado em *Poema dos poemas* está associado à filosofia e à cultura orientais, pelas quais Cecília Meireles cultivava notória predileção: "O Oriente tem sido uma paixão constante na minha vida [...] pela sua profundidade poética, que é uma outra maneira de ser da sabedoria",[25] declarou a poeta. A "admiração emocionada"[26] chegou a inspirar-lhe um livro inteiro, *Poemas escritos na Índia* (1961), no qual figura a "Cançãozinha para Tagore", homenagem ao escritor hindu que exerceu significativa influência na autora. "Rabindranath Tagore, homem extraordinário", autor de "vasta e importante obra literária",[27] na qual "tudo converge para um fim superior",[28] escreveu Cecília sobre o indiano laureado com

---

22 *Idem*. À que há de vir no último dia... *Ibidem*, p. 33.
23 *Idem*. Poema da Sabedoria. *Ibidem*, p. 90.
24 *Idem*. Dança bárbara. *Ibidem*, p. 38-39.
25 *Idem*. Meus orientes. *In*: MEIRELES, Cecília. *O que se diz e o que se entende*. Rio de Janeiro: Nova Fronteira, 1980. p. 36.
26 *Idem. Ibidem*.
27 *Idem*. Rabindranath, pequeno estudante. *Ibidem*, p. 84-85.
28 *Idem*. O Gurudev. *Ibidem*, p. 165.

o prêmio Nobel em 1913. Comentando *Nunca mais... e Poema dos poemas*, o poeta Emílio Moura assinalava em 1924: "O lirismo tagoreano, o Oriente com a sua bruma espiritualizada, com a sua ânsia de sonhos e nirvanas, encontrou, naturalmente, ressonância nessa musa perturbadora".[29]

Como se vê, a produção inicial de Cecília Meireles revela-se capaz de despertar interesse não apenas como documento de alguma pré-história literária. Ao longo dos anos sua produção lograria, sobretudo a partir de *Viagem*, a levantada estatura que lhe garante posição de destaque na lírica brasileira do século XX. No entanto, não se deve perder de vista que nos versos da juventude está semeada a poesia da maturidade. "A flor está feita só de elementos indispensáveis",[30] escreveu a poeta. Assim também a sua obra, ainda que os primeiros livros, por tanto tempo relegados aos subterrâneos de seus canteiros, pareçam "apenas um sonho, uma fantasia, um extravagante ornamento".[31] Afinal, como afirma a própria Cecília, "as obscuras raízes preparam esta festa floral".[32]

LUCIANO ROSA

---

29 MOURA, Emílio. Poetisas (do *Esphinges* ao *Nunca mais...*). *Terra de sol*, Rio de Janeiro, n. 3, p. 196-198, jul. 1924.
30 MEIRELES, Cecília. Chegada da primavera. *In*: MEIRELES, Cecília. *O que se diz e o que se entende*. Rio de Janeiro: Nova Fronteira, 1980. p. 101.
31 *Idem, Ibidem*.
32 *Idem, Ibidem*, p. 100.

**Nunca mais...
e Poema dos poemas**

Nunca mais...

À HORA EM QUE OS CISNES CANTAM...

Nem palavras de adeus, nem gestos de abandono.
Nenhuma explicação. Silêncio. Morte. Ausência.
O ópio do luar banhando os meus olhos de sono...
Benevolência. Inconsequência. Inexistência.

Paz dos que não têm fé, nem carinho, nem dono...
Todo o perdão divino e a divina clemência!
Oiro que cai dos céus pelos frios do outono...
Esmola que faz bem... – nem gestos, nem violência...

Nem palavras. Nem choro. A mudez. Pensativas
abstrações. Vão temor de saber. Lento, lento
volver de olhos, em torno, augurais e espectrais...

Todas as negações. Todas as negativas.
Ódio? Amor? Ele? Tu? Sim? Não? Riso? Lamento?
– Nenhum mais. Ninguém mais. Nada mais. Nunca mais...

Beatitude

Corta-me o espírito de chagas!
Põe-me aflições em toda a vida:
não me ouvirás queixas nem pragas...

Eu já nasci desiludida,
de alma votada ao sofrimento
e com renúncias de suicida...

Sobre o meu grande desalento,
tudo, mas tudo, passa breve,
breve, alto e longe como o vento...

Tudo, mas tudo, passa leve,
numa sombra muito fugace,
– sombra de neve sobre neve... –

Não deixando na minha face
nem mais surpresas nem mais sustos:
– é como, até, se não passasse...

Todos os fins são bons e justos...
Alma desfeita, corpo exausto,
olho as coisas de olhos augustos...

Dou-lhes nimbos irreais de fausto,
numa grande benevolência
de quem nasceu para o holocausto!

Empresto ao mundo outra aparência
e às palavras outra pronúncia,
na suprema benevolência

de quem nasceu para a Renúncia!...

A minha Princesa Branca

Estendo os olhos aos mares:
ela anda pelas espumas...
– Serenidades lunares,
tristezas suaves de brumas...

Ela anda nos céus vazios,
em brancas noites morosas:
mira-se na água dos rios,
dorme na seda das rosas...

Passa em tudo, grave e mansa...
E, do seu gesto profundo,
solta-se a grande esperança
de coisas fora do mundo...

Por sobre as almas vagueia:
almas santas... Almas boas...
É um palor de lua cheia,
na água morta das lagoas...

Quando contemplo as encostas,
de alma ansiosa por vencê-las,
vejo-a no alto, de mãos postas,
muda e coroada de estrelas...

E vou, sofrendo degredos,
a dominar os espaços...
Só quero beijar-lhe os dedos
e adormecer-lhe nos braços!

Canção desilusória

Já não se pode mais falar!...
O encantamento está perdido...
Tudo são frases sem sentido
e palavras dispersas no ar...
O encantamento está perdido!...
Já não se pode mais falar...

Já não se pode mais sonhar!...
Em vão se canta ou se deplora!
Todos os sonhos são de outrora...
Vêm de um sonho preliminar...
Em vão se canta ou se deplora...
Já não se pode mais sonhar!...

Já não se pode mais amar!...
Oh! soturna monotonia...
A saudade e a melancolia
são de todo tempo e lugar!
Oh! soturna monotonia!...
Já não se pode mais amar...

Já não se pode mais findar!
Numa interminável miséria,
depois do opróbrio da matéria,
surge o castigo do avatar!
Numa interminável miséria...
Já não se pode mais findar!...

Já não se pode mais chorar!
É o Destino... o Alfa-Ômega... a Sorte...
É melhor não pensar na morte,
ao sentir a vida passar...
É o Destino... o Alfa-Ômega... a Sorte...
E só nos resta renunciar!...

A chuva chove...

A chuva chove mansamente... como um sono
que tranquilize, pacifique, resserene...
A chuva chove mansamente... Que abandono!
A chuva é a música de um poema de Verlaine...

E vem-me o sonho de uma véspera solene,
em certo paço, já sem data e já sem dono...
Véspera triste como a noite, que envenene
a alma, evocando coisas líricas de outono...

...Num velho paço, muito longe, em terra estranha,
com muita névoa pelos ombros da montanha...
Paço de imensos corredores espectrais,

onde murmurem, velhos órgãos, árias mortas,
enquanto o vento, estrepitando pelas portas,
revira in-fólios, cancioneiros e missais...

Tumulto

Tempestade. O desgrenhamento
das ramagens... O choro vão
da água triste, do longo vento,
vem morrer-me no coração.

A água triste cai como um sonho,
sonho velho que se esqueceu...
(Quando virás, ó meu tristonho
Poeta, ó doce troveiro meu!...)

E minha alma, sem luz nem tenda,
passa errante, na noite má,
à procura de quem me entenda
e de quem me consolará...

ÍSIS

E diz-me a Desconhecida:
"Mais depressa! Mais depressa!
Que eu te vou levar a vida!...

Finaliza! Recomeça!
Transpõe glórias e pecados!..."
Eu não sei que voz seja essa

nos meus ouvidos magoados:
mas guardo a angústia e a certeza
de ter os dias contados...

Rolo, assim, na correnteza
da sorte que se acelera,
entre margens de tristeza,

sem palácios de quimera,
sem paisagens de ventura,
sem nada da primavera...

Lá vou, pela noite escura,
pela noite de segredo,
como um rio de loucura...

Tudo em volta sente medo...
E eu passo, desiludida,
porque sei que morro cedo...

Lá me vou, sem despedida...
Às vezes, quem vai, regressa...
E diz-me a desconhecida:

"Mais depressa! Mais depressa!..."

Intermezzo

Eu tinha esta alma toda iluminada,
como as vilas fantásticas das eras
dos dragões, salamandras e quimeras
de um sonho remotíssimo de fada...

Eu tenho esta alma toda de tristezas
vestida, e luto e lágrimas e opalas...
– Porque os Degoladores de Princesas
por mim passaram para degolá-las...

Sob a tua serenidade...

Não me ouvirás... É vão... Tudo se espalha
pelos ermos de azul... E permaneces
sobre o vale das súplicas e preces
com solenes grandezas de muralha...

Minha alma, sem Te ouvir nem ver, trabalha
tranquila. Solidão... Desinteresses...
Por que pedir? De tudo que me desses
nada servira a esta existência falha...

Nada servira, agora... E, noutra vida,
oh! noutra vida eu sei que terei tudo
que há na paragem bem-aventurada...

Tudo, – porque eu nasci desiludida,
e sofri, de olhos mansos, lábio mudo,
não tendo nada e não pedindo nada...

Cantiga outonal

Outono. As árvores pensando...
Tristezas mórbidas no mar...
O vento passa, brando... brando...
E sinto medo, susto, quando
escuto o vento assim passar...

Outono. Eu tenho a alma coberta
de folhas mortas, em que o luar
chora, alta noite, na deserta
quietude triste da hora incerta
que cai do tempo, devagar...

Outono. E quando o vento agita,
agita os galhos negros, no ar,
minha alma sofre e põe-se aflita,
na inconsolável, na infinita
pena de ter de se esfolhar...

À QUE HÁ DE VIR NO ÚLTIMO DIA...

Esta chuva que vem, numa triste ternura
de saudade distante!
Solidões pelo céu. Grande paz. Noite escura.
Um rumor sempre igual, de passante a passante.

Um rumor sempre igual de passante, nas ruas!
Ploc... Plac... E somente o Teu passo não vem!
Tardas tanto, meu Deus! Que demoras, as Tuas!
– Águas... Noite... Ninguém...

E eu me ponho a cismar, na dormência deste ermo,
tantas coisas bizarras!
Se isto aqui fosse azul, dum vago azul enfermo,
e houvesse rosas, rosas brancas, pelas jarras...

Se o meu violino erguesse os andantes sagrados
de Gounod – *largo* e *dolce* – e, à bênção dessa voz,
se ao longe eu consolasse os sonhos desgraçados
dos que vivem tão sós, dos que morrem tão sós!...

Se, à bênção dessa voz de humildade e tormento,
tudo, tudo que existe,
pudesse compreender, num desencantamento,
a glória de ser pobre e o gozo de ser triste!...

Rosas brancas... Talvez o Eclesiastes aberto,
tranquilamente bom...
Vagas sombras de luar... E o meu peito deserto,
deserto... E a alma perdida em nevoeiros de som...

....

A chuva desce vagarosa... Continua...
Ploc... Plac... E ninguém... Beatitudes de sono...
E eu sozinha, esperando os Teus passos na rua,
como o próprio abandono esperando o abandono!...

Oração da noite

Trabalhei, sem revoltas nem cansaços,
no infecundo amargor da solitude:
as dores, – embalei-as nos meus braços,
como alguém que embalasse a juventude...

Acendi luzes, desdobrando espaços,
aos olhos sem bondade ou sem virtude:
consolei mágoas, tédios e fracassos
e fiz, a todos, todo o bem que pude!

Que o sonho deite bênçãos de ramagens
e névoas soltas de distância e ausência
na minha alma, que nunca foi feliz,

escondendo-me as tácitas voragens
de males que me deram, sem consciência,
pelos míseros bens que sempre fiz!...

A ELEGIA DO FANTASMA

"Por que eu te quero tanto, tanto,
depois de tanto desencanto,
depois de tanto, tanto pranto?

Oiço-te a voz no lento vento
que anda comigo, sonolento,
pela tormenta, num tormento...

E, ouvindo o vento, sinto, sinto
a noite como um labirinto
envolvendo o meu corpo extinto...

Na grande treva que amedronta,
minha alma tonta, tonta, tonta,
os sonhos mortos, mortos, conta...

E faz perguntas, faz perguntas...
Quer saber das vidas defuntas
que antigamente andavam juntas..."

Depois do sol...

Fez-se noite com tal mistério,
tão sem rumor, tão devagar,
que o crepúsculo é como um luar
iluminando um cemitério...

Tudo imóvel... Serenidades...
Que tristeza, nos sonhos meus!
E quanto choro e quanto adeus
neste mar de infelicidades!

Ó paisagens minhas de antanho...
Velhas, velhas... Nem vivem mais...
– As nuvens passam desiguais,
com sonolências de rebanho...

Seres e coisas vão-se embora...
E, na auréola triste do luar,
anda a lua, tão devagar,
que parece Nossa Senhora

pelos silêncios a sonhar...

Dança bárbara

Na alta noite deslumbradora,
ouve-se a bárbara cadência,
– uma cadência imorredoura...

Ritmos de mágoa em sonolência...
larga saudade aniquilante
do além do sonho e da existência...

Vozes ondeando... Alguém que cante?
– Unicamente o choro morto
de um triste amor muito distante...

E ao luar imoto, ao luar absorto,
têm sonoros encantamentos
essas vozes de desconforto...

Dançam... Vibram nos movimentos
sonhos de gêneses lascivas,
com vertigens e estonteamentos

de naturezas primitivas...
– Rapsódias congas e hotentotes,
extraordinárias e excessivas...

À luz fantástica de archotes,
cresce e decresce o estranho rito,
em que há virgens e sacerdotes...

E nada existe mais aflito,
mais singularmente profundo,
que a repercussão, no infinito,

desse bailado moribundo...
Selvagem, fúnebre apoteose
do aquém do mundo ao além do mundo...

Intuições de metempsicose
na rudeza do fetichismo...
Embriaguez da primeira hipnose,

mãe do eterno sonambulismo...
Volúpia da clarividência...
Antegozo do misticismo...

Ouve-se a bárbara cadência...
Sons em alternativas de eclipse...
E é tal qual a voz da inconsciência

interpretando o Apocalipse...

Agitato

Os violinos choram, soturnos,
dentro da noite morta e triste,
elegias vãs de Noturnos...
E nada existe... nada existe...

Sombras. A câmara apagada...
Sombras... Meu vulto é longe... ausente...
Silêncio... Calma... Sonho... Nada...
Vago, leve, indecisamente...

Noite. Que noite!... Pelas bordas
das jarras negras, morrem lírios...
Chopin. Falecem pelas cordas
trêmulas, trêmulos martírios...

Andam, no vento, aromas soltos,
saudades lentas... Alto, passa
o véu do luar nos céus revoltos,
cheios de signos de desgraça...

Panorama além...

Não sei que tempo faz, nem se é noite ou se é dia.
Não sinto onde é que estou, nem se estou. Não sei nada.
Nem ódio, nem amor. Tédio? Melancolia.
– Existência parada. Existência acabada.

Nem se pode saber do que outrora existia.
A cegueira no olhar. Toda a noite calada
no ouvido. Presa a voz. Gesto vão. Boca fria.
A alma, um deserto branco: – o luar triste na geada...

Silêncio. Eternidade. Infinito. Segredo.
Onde, as almas irmãs? Onde, Deus? Que degredo!
Ninguém... O ermo atrás do ermo: – é a paisagem daqui.

Tudo opaco... E sem luz... E sem treva... O ar absorto...
Tudo em paz... Tudo só... Tudo irreal... Tudo morto...
Por que foi que eu morri? Quando foi que eu morri?

Berceuse para quem morre

Dorme... Dorme... Rolam pelas
vertentes
das montanhas, as estrelas
cadentes...

Meu amor, a noite mansa
dança, dança
no silêncio do Jardim...
Lento, um cipreste balança...
Tu, descansa,
meu amor, perto de mim...

Dorme, dorme como as rosas
noturnas,
quando há trevas perigosas
de furnas...

Meu amor, não se descreve
esta neve
que dos céus descendo vem...
É um beijo breve... O mais breve...
O mais leve...
Que se não deu em ninguém...

Dorme... O luar se espalha triste
na altura...
Quem sabe, é, tudo que existe,
loucura?

Canção triste

> *Mais où sont les neiges d'antan?*
> François Villon

Houve um tempo de oiro e de rosas,
oiro-sol e rosas-manhã...
Houve um tempo de oiro e de rosas,
cheio de coisas milagrosas...
Mais où sont les neiges d'antan?

Houve um tempo de amor e pranto,
amor-céu, pranto-Aldebarã...
Houve um tempo de amor e pranto,
quando o sofrimento era encanto...
Mais où sont les neiges d'antan?

Houve um tempo, um tempo de outrora,
em que a vida não era vã...
Houve um tempo, um tempo de outrora,
houve um tempo-Nossa Senhora...
Mais où sont les neiges d'antan?

Noturno de amor

Vem de manso... de leve... e suave e doce
como um silêncio extático de prece...
Que a tua vinda seja tal qual fosse
apenas a saudade que me viesse...

Vem de manso... Na névoa da penumbra,
faze um gesto litúrgico de bênção!
A alta noite tristíssima deslumbra
dos meus olhos nostálgicos, que pensam...

Sugere, mas não fales... Porque a frase
é vã, no amor... Mistério... Sonolência...
O esquecimento, quase... A morte, quase...
Intuições... Irrealismos... Inconsciência...

....

Morre a noite, a um luar triste de romance...
Vem de leve!... E, ao palor da noite extinta,
que seja só meu sonho que te alcance...
Minha alma, unicamente, que te sinta...

A Inominável...

Leve... – Pluma... Surdina... Aroma... Graça...
Qualquer coisa infinita... Amor... Pureza...
Cabelo em sombra, olhar ausente, passa
como a bruma que vai na aragem presa...

Silenciosa. Imprecisa. Etérea taça
em que adormece luar... Delicadeza...
Não se diz... Não se exprime... Não se traça...
Fluido... Poesia... Névoa... Flor... Beleza...

Passa... – É um morrer de lírios... Olhos quase
fechados... Noite... Sono... O gesto é gaze
a estender-se, a alargar-se... – E enquanto vão

fugindo os passos teus, Visão perdida,
chovem rosas e estrelas pela vida...
Silêncio! Divindade! Iniciação!

Poema dos poemas

OFERENDA

A Ti,
ó sol do último céu,
por quem sofre
toda a imensa miséria
da minha treva...

Primeira parte

Poema da Fascinação

Vou a Ti
como quem vai,
antes e depois da Morte,
para onde lhe ordena o Destino...
Vou a Ti,
seguindo a luz dos teus olhos,
subindo por ela,
caminhando pelo teu olhar
como por uma escadaria d'astros...
O teu vulto,
lá em cima,
é um palácio branco, a atrair-me...
Quando chegarei,
ó Eleito,
diante de Ti?
Quando descerrarás
as tuas portas de luz,
para receberes
os lírios e as rosas odorantes
que andei colhendo
para te ofertar?
Não demores, não tardes,
ó Eleito,
que eu vou a Ti
como quem vai,
antes e depois da Morte,
para onde lhe ordena o Destino...

Poema da Ansiedade

Quando eu não pensava em Ti,
os meus pés corriam ligeiros pela relva,
e os meus olhos erravam,
distraídos e felizes,
pela paisagem toda...
quando eu não pensava em Ti,
as minhas noites eram
como o sono do céu, cheio de luar...
Quando eu não pensava em Ti,
a minha alma era simples e quieta..
A minha alma era uma ave mansa,
de olhos fechados,
na alta imobilidade de um ramo,
quando eu não pensava em Ti...
E agora,
ó Eleito,
o meu passo demora,
esperando pelos meus olhos,
que procuram a tua sombra...
As minhas noites são longas, morosas,
tão tristes,
porque o meu pensamento
põe-se a buscar-te,
e eu, sem ele, fico mais só...

Perderam-se os meus olhos
entre as estrelas,
entre as estrelas se perderam
as minhas mãos,
nesta ansiedade de te alcançarem...
Eleito, ó Eleito,
por que foi que eu fiquei assim?
Por que,
desde o chão do meu corpo
até o céu da minha alma,
sou uma fumaça de perfume
subindo em teu louvor?

....

Quando eu não pensava em Ti,
os meus olhos erravam,
distraídos e felizes,
pela paisagem toda...

Poema da Grande Alegria

Olhavas-me tanto
e estavas tão perto de mim
que, no meu êxtase,
nem sabia qual fosse
cada um de nós...
Era num lugar tão longe
que nem parecia neste mundo...
Num lugar sem horizontes,
onde, sobre águas imóveis,
havia lótus encantados...
Vinham de mais longe,
de ainda mais longe,
músicas seseníssimas,
imateriais como silêncios...
Músicas para se ouvirem com a alma, apenas...
E tudo, em torno,
eram purificações...
Não sei para onde me levavas:
mas aqueles caminhos pareciam
os caminhos eternos
que vão até o último sol...
E eu me sentia tão leve
como o pensamento de quem dorme...
Eu me sentia com aquela outra Vida
que vem depois da vida...

Eleito, ó Eleito,
eu queria ficar sonhando
para sempre,
queria ficar,
para sempre,
tão perto de Ti
que, no meu êxtase,
nem se pudesse saber
qual fosse cada um de nós...

Poema da Esperança

Lá, onde Tu moras,
deve ser um país tão luminoso
que, de olhos extintos,
se possa ver...
Deve ser um país sem dias e sem noites...
Sem ontens e sem amanhãs...
País maravilhoso da Beleza perfeita,
que só habitam
almas extraordinárias
de seres e de coisas...
Lá, onde Tu moras,
não há mais nada do que se sabe,
nem do que se é...
Lá, onde Tu moras,
dize que um dia me acolherás
como um Bem-Amado à sua Bem-Amada...
Dize que chegarei, um dia,
ao teu Reino...
– Porque eu estou mortalmente enferma
da tristeza e da penumbra
daqui...
Eleito, ó Eleito,
dize que me deixarás ficar
lá, onde Tu moras,
nesse país tão luminoso
que, de olhos extintos,
se pode ver...

Poema da Dúvida

Nesta sombra em que vivo,
sonho que me aparecerás,
numa hora extática...
E ando a esperar-te, noite por noite...
Sonho que te hei de ver,
todo vestido de oiro,
com os cabelos carregados de estrelas
e as mãos enfeitadas de luas...
Sonho que descerás a ver-me,
de tanto me ouvires
cantar e louvar
o teu nome...
Nesta sombra em que vivo,
de te evocar,
é como se já tivesses vindo...
Como se houvesse visto os teus olhos,
que devem ser a própria alma da luz...
Como se houvesse tocado o teu gesto,
que deve ser o grande ritmo dos mundos...
Como se houvesse adorado o teu coração,
onde morrem todos os corações que viveram
e de onde nascem todos os corações...
Nesta sombra em que vivo,
sofro por seres assim irreal,
assim tão além do que se pode pensar...

Sofro porque nem sei
quando haverá, nos meus olhos,
luz com que te veja
e com que te adore...

....

Nesta sombra em que vivo,
por que me não apareces,
numa hora extática,
se sabes que te ando a esperar,
noite por noite!...

Poema da Ternura

Se Tu fosses humano,
as minhas mãos
viveriam tecendo
carinhos e sedas,
para te darem trajes prodigiosos
de lenda...
Se Tu fosses humano,
os meus olhos andariam acesos,
noite e dia,
e tão postos em Ti
que brilharias todo,
como quem se houvera coroado
com o sol...
Se Tu fosses humano,
a minha boca seria
fruto para a tua sede,
música de amor para o teu sono,
festa da Consolação
para a tua tristeza...
Se Tu fosses humano,
eu seria o teu brinquedo
de criança,
as tuas armas
de guerreiro,
a flauta em que a tua velhice
louvasse o próximo cerimonial
da Morte...

Se Tu fosses humano,
ó Eleito,
eu seria tudo, na tua vida...
Mas eu não sou nada...
Eu não sou nada mais
que esta ansiedade impossível de ser...

....

Oh! pensar que, se Tu fosses humano,
as minhas mãos
viveriam tecendo
carinhos e sedas,
para te darem trajes de lenda,
prodigiosos...

Poema da Tristeza

Sou triste porque sonhei
coisas inalcançáveis,
que se não devem sonhar...
Choram os meus olhos,
castigados por se terem erguido
para lá dos céus que se veem...
Foram punidas as minhas mãos,
e sangram,
pelo pecado de quererem tocar
aquelas flores maravilhosas
dos teus vergéis...
Morre-me a voz,
de cantar-te,
ó Eleito,
e que eternidades não tem de sofrer
esse pobre, esse mísero canto,
para chegar
do meu coração ao teu!...
Sou triste porque a minha alma
não quer mais nada, do que tem...
Porque a minha alma
não pode ter
nada mais...
Sou triste,
sou triste,
sou triste porque sonhei
coisas inalcançáveis,
que se não devem sonhar!...

# SEGUNDA PARTE

Novo Poema da Tristeza

Deixei passar a ronda lenta
de muitas luas,
mas a minha tristeza não diminuiu...
Longe, longe,
o céu agora é deserto,
como se houvesse morrido,
como se houvesse acabado...
Sozinha, no meu luto,
ergo as mãos,
cheias de lágrimas,
em oferenda...
Eleito, ó Eleito,
não me vês,
não me ouves,
não me queres!...
E vais deixar-me assim
toda a vida...
Oh! tem pena, ao menos,
das aves,
que podem vir beber
nas minhas mãos,
e endoidecer depois,
pelos ares,
da tristeza que me endoidece...
Eleito, ó Eleito,
deixei passar a ronda lenta
de muitas luas,
e a minha tristeza não diminuiu!...

Poema dos Desenganos

Antes eu tivesse partido
para longe de mim...
Antes eu me tivesse refugiado
no antro dos velhos Magos...
– Porque eles me dariam a beber
o sumo da Flor-Sábia,
da Flor-Mãe,
que adormece,
alivia,
consola...
Antes eu tivesse partido
para longe de mim...
Mas o antro dos velhos Magos
é tão negro e tão triste...
Tive medo de me perder
naquela treva,
de onde nunca mais
poderia ver
os caminhos sidéreos
que a Ti conduzem
meus olhos...
Antes eu tivesse partido
para longe de mim...
mas doía-me adormecer,
pelo medo de te deixar de amar...

No entanto,
eu sei que tudo é inútil...
Eu sei que tudo é impossível...
Eu sei que tudo é vão,
tudo,
tudo que eu sonho e quero...
Eleito, ó Eleito,
antes tivesse partido
para longe de mim...
Antes me tivesse refugiado
no antro dos velhos Magos...

Poema da Despedida

Eleito, ó Eleito,
não tornarão mais os meus olhos
a procurar pelos ares
os lírios dos teus pés...
Nunca mais erguerei os braços,
como se erguem as asas,
nesta loucura
de chegar aonde estás...
Eleito, ó Eleito,
não voltarei a sonhar
que me apareces,
que me ouves,
que me acolhes...

....

Pois não viu a minha alma
que, assim grande e assim longe,
eras um Rei para se temer
e não para se amar
com amor?
Por que, então, é que me atrais?
Por que nos cárceres do teu palácio
prendeste o meu pensamento,
se nada queres de mim?...
Eleito, ó Eleito,
liberta-me, liberta-me!...

Quero deixar-te,
quero esquecer-te,
quero perder-me no meu abandono...
Quero dizer-te adeus...

....

Eleito, ó Eleito,
não tornarão, nunca mais, os meus olhos,
a procurar pelos ares
os lírios dos teus pés...

Poema das Súplicas

Fecha os meus pobres olhos,
que sofrem das vigílias morosas
passadas à tua espera...
Fecha-os para que descansem,
para que se desiludam de todo,
para que se não abram mais...
Serena as minhas mãos dolorosas,
que as adorações flagelaram,
nos êxtases
de horas sobrenaturais...
Faze descer
sobre o meu coração
a paz noturna
que os luares deitam sobre os mundos...
Eleito, ó Eleito,
dá-me aquela ignorância d'alma
que têm os que nunca pensaram
em Ti...
Eu quero ser igual
à terra negra,
igual aos rios esquecidos,
igual ao vento humilde,
àquele que anda de rastros,
chorando,
a beijar as folhas
que o vento das alturas
matou...

Eleito, ó Eleito,
eu quero a solitude
e o silêncio!...
Fecha os meus pobres olhos,
que sofrem das vigílias morosas
passadas à tua espera...

Poema das Lágrimas

Quando eu fiquei só,
no alto da montanha silenciosa,
a noite se imobilizou,
com todos os seus astros
e todos os seus murmúrios...
Então, deitei-me bem perto
do coração maternal da terra,
e chorei o meu remorso
de ter querido deixá-la,
pensando em Ti,
perdido na glória
do teu Palácio Branco,
longínquo,
imaterial,
inacessível...
E ao coração maternal da terra
pedi que me amparasse,
que me deixasse dormir,
dentro dele,
o sono sem lembrança
dos que vão renascer...
Pedi-lhe que fosse,
outra vez,
meu berço,
pois que eu voltara a ser
a sua criança...
Mas a terra se esquecera de mim...

A terra não conhecia mais
a minha voz,
de saudade e arrependimento...
A terra,
ó Eleito, ó Eleito,
deixou-me ficar chorando,
como Tu,
infinitamente impassível...

....

E foi assim,
quando eu fiquei só,
no alto da montanha silenciosa,
e a noite se imobilizou,
com todos os seus astros
e todos os seus murmúrios...

Poema do Perdão

Eleva,
ó minha alma,
o teu perdão
a esses remotos céus,
que te viram sofrer,
transe a transe,
a tua dor,
sem que uma estrela tombasse,
para te vir socorrer...
Baixa,
ó minha alma,
o teu perdão
até a alma sombria
da terra,
que te viu chorar,
lágrima por lágrima,
a tua amargura,
sem te fechar nos braços,
sem te apertar ao peito,
sem te guardar dentro dela...
Estende,
ó minha alma,
o teu perdão
como um tapete de rosas brancas,
– estende-o sobre a vida,
e dorme,
e aquieta-te no teu sono
como num perfume...

....

Eleva,
ó minha alma,
o teu perdão
a esses remotos céus...

Poema das Bênçãos

Bendito seja Aquele
que eu canto,
e que é o meu Eleito,
– embora eu tenha de viver,
sempre,
sem poder conhecê-Lo,
e sem poder encontrá-Lo...
Bendita seja
a alegria do meu coração,
no tempo de saudade
em que sonhava que me aparecesse...
Bendita seja
a desventura dos desenganos,
que abateram na minha alma
como um tufão sobre jasmins...
Benditas sejam
as minhas súplicas,
que ninguém ouviu,
e as minhas lágrimas,
que ninguém enxugou,
para que eu sentisse até o fim
a minha terrível,
a minha gloriosa,
a minha divina Dor...

Bendito seja
tudo que eu fui,
tudo quanto tiver de ser,
pois que eu sinto os destinos
descendo
das mãos d'Aquele que eu canto,
e que é o meu Eleito,
– embora eu tenha de viver,
sempre,
sem poder conhecê-Lo
e sem poder encontrá-Lo...

Terceira parte

Poema da Solidão

Já muitos sóis
e muitas luas
passaram, sobre a montanha
de que fiz o meu lar...
Deve ser muito tarde,
na vida...
Os pássaros daqui,
os que cantavam quando cheguei,
já é antiga a sua morte...
E, os que apareceram depois,
não cantam,
são diferentes dos de outrora...
Caíram, das árvores,
as folhas, muitas vezes,
mas havia, depois,
verdes milagres de vida nova...
Penso que as árvores,
agora,
vão morrer para sempre,
que é tudo sem remédio,
que não há mais ressurreições...
Já muitos sóis
e muitas luas
passaram, sobre a montanha
de que fiz o meu lar...

Tenho medo de que, em breve,
a escuridão se eternize,
de que nunca mais amanheça,
de que, também, a luz não venha
nunca mais...
Tenho medo dos meus olhos,
que podem deixar de vê-la,
– e eu ficaria perdida de mim mesma,
dentro da noite toda fechada...

....

Já tantos sóis
e tantas luas
passaram, sobre a montanha
de que fiz o meu lar!...

Poema da Saudade

Saudade dos teus olhos diáfanos
como grandes auréolas serenas...
Dos teus olhos hiperbóreos,
dos teus olhos como oceanos iluminados,
dos mundos de bem-aventurança...
Saudade do teu cabelo,
descendo, numa linha sagrada,
sob diademas deslumbradores
de astros...
Saudade das tuas mãos indizíveis,
feitas de luares plenos
e estendendo claridades
a cada gesto...
Saudade do oiro,
todo puro,
das tuas roupas de realeza,
broslando a noite do meu sonho
como, num meio-dia azul,
a asa desdobrada,
a asa luminosa do sol...
Saudade de Ti,
que não vieste,
surgindo, nesse aparato imaginário,
para o eterno maravilhamento
da minha alma
em adoração...

Saudade de mim,
nas longas horas imóveis
das vigílias,
atenta,
a ver se chegavas,
com os teus olhos diáfanos,
como grandes auréolas serenas,
os teus olhos hiperbóreos,
os teus olhos como oceanos iluminados,
dos mundos de bem-aventurança...

Poema da Dor

Ó minha dor, ó minha dor,
como nós sofremos!
É hora de fechar os templos...
Quando foi que nós colhemos
as flores,
e trouxemos as lâmpadas,
e acendemos os perfumes?
Quando foi que os nossos olhos
se ergueram para o céu,
e os nossos braços se abriram
para os horizontes,
e os nossos lábios cantaram
à Divindade?
Ó minha dor, ó minha dor,
quando foi que choraram,
os nossos olhos,
e os nossos braços,
desiludidos,
caíram,
e, sem coragem, morreram
os cantos,
nos nossos lábios?

Quando foi que eu vivi
daquela vida que dá o amor,
esperando O que não veio,
por noites e noites
que se não sabem?...

....

Ó minha dor, ó minha dor,
como nós sofremos!
É hora de fechar os templos...

Poema da Renúncia

Dar a serenidade dos meus olhos
aos cegos,
para verem,
e, aos enfermos,
dar a minha coragem
de caminhar!
Ser a lágrima dos pobres,
e a sua bênção...
Dar-lhes as minhas mãos,
para a súplica,
e a minha voz,
para as adorações...
Ser, para os infelizes,
o manto que se estende,
à hora da tempestade,
sob o desespero e a alucinação
da chuva e do vento,
a alguém que passa, perdido...
Gosto de não querer
nada mais...
Gosto da suprema
Renúncia...
Gosto divino
da Morte-viva...
Baixar as pálpebras
e dispersar-se...

Deixar de ser!
Deixar de ser!...

....

Dar a serenidade dos meus olhos
aos cegos,
para verem,
e, aos enfermos,
dar a minha coragem
de caminhar!

Poema da Humildade

Curvar-me até o chão,
e maternalmente velar
o imóvel dormir inocente
das pedras...
Curvar-me até o chão,
e beijar as raízes obscuras
das grandes árvores
gloriosas...
E falar, às sementes,
da grandeza de morrer,
na treva silenciosa
da terra,
pelo milagre generoso
de posteriores reproduções...
Curvar-me até o chão,
até a alma primitiva
das coisas,
até a alma primitiva
dos seres...
Falar a tudo que anda de rastros,
a tudo que principia,
a tudo que desperta...
Curvar-me até o chão...
Descer!...
Chegar até à alma última
das criaturas!

Descer!...
Curvar-me até o chão...
Mais abaixo do chão...
Muito abaixo do chão...

Poema do Regresso

Eleito, ó Eleito!
Era, então, aqui embaixo,
que estavas?

....

Cheguei entre os homens,
cheguei aos caminhos
de outrora,
miserável dos miseráveis,
depois de todas as renúncias...
Cheguei aonde vivem as multidões,
aonde há velhos, dolorosos,
chorando coisas perdidas...
Mulheres amaldiçoando...
Senhores e escravos sofrendo...
Gente sem lar,
carregando, sem destino,
o que é seu...
Famintos, pelas portas...
E as noites cheias de enfermos...
E os dias cheios de cegos,
conduzidos por crianças tristes
que cantam...
Cheguei aos caminhos escuros,
aos caminhos infinitos,
calcados por joelhos feridos,
molhados de suores e lágrimas...

Por que sinto, assim,
transfigurar-me,
por que sinto,
como nas vésperas das glórias,
o tumulto emocional
dos que vencerão?
Que aparecimentos vão
deslumbrar os meus olhos?
Quem és Tu,
que me falas com a voz
dos agonizantes sozinhos?
Quem és Tu,
que te mostras, a mim,
vestido de andrajos e doenças?
Quem és Tu, quem és Tu,
que brilhas todo,
assim feito pequeno,
assim tornado em pobre,
assim passando entre os homens?!...

....

Eleito, Eleito, ó meu Eleito,
mas, então,
era aqui embaixo que estavas?

Poema da Sabedoria

Tinham-me ensinado que a vida
era a alegria
de abrir os braços ao sol,
despertando,
e curvar a fronte,
saudando a noite
e adormecendo...
Tinham-me ensinado que a vida
era o castigo remoto
da dor dos risos que se riem
e das lágrimas
que se deixam correr...
Tinham-me ensinado que a vida
era o silêncio e o descanso...
E muitas,
e ainda outras coisas muitas...
Sofri a ascensão dolorosa
de quem vai,
numa noite negra,
por entre escarpas...
E, lá, no alto, era o exílio...

....

Sabedoria! Sabedoria!
Só te encontrei nos abismos,
quando vim descendo
da altura da solidão...
Depois do renunciamento...
Depois de tudo e de todos...
Depois de mim...
Sabedoria! Sabedoria!
Abençoa-me,
porque sofri,
buscando-te!
E, por encontrar-te e querer-te,
faze-te meu Destino...
Deixa-me viver em Ti!...

CRONOLOGIA

1901

A 7 de novembro, nasce Cecília Benevides de Carvalho Meirelles, no Rio de Janeiro. Seus pais, Carlos Alberto de Carvalho Meirelles (falecido três meses antes do nascimento da filha) e Mathilde Benevides. Dos quatro filhos do casal, apenas Cecília sobrevive.

1904

Com a morte da mãe, passa a ser criada pela avó materna, Jacintha Garcia Benevides.

1910

Conclui com distinção o curso primário na Escola Estácio de Sá.

1912

Conclui com distinção o curso médio na Escola Estácio de Sá, premiada com medalha de ouro recebida no ano seguinte das mãos de Olavo Bilac, então inspetor escolar do Distrito Federal.

1917

Formada pela Escola Normal (Instituto de Educação), começa a exercer o magistério primário em escolas oficiais do Distrito. Estuda línguas e em seguida ingressa no Conservatório de Música.

1919

Publica o primeiro livro, *Espectros*.

1922

Casa-se com o artista plástico português Fernando Correia Dias.

1923

Publica *Nunca mais... e Poema dos poemas*. Nasce sua filha Maria Elvira.

1924

Publica o livro didático *Criança meu amor...* Nasce sua filha Maria Mathilde.

1925

Publica *Baladas para El-Rei*. Nasce sua filha Maria Fernanda.

1927

Aproxima-se do grupo modernista que se congrega em torno da revista *Festa*.

1929

Publica a tese *O espírito vitorioso*. Começa a escrever crônicas para *O Jornal*, do Rio de Janeiro.

1930

Publica o ensaio *Saudação à menina de Portugal*. Participa ativamente do movimento de reformas do ensino e dirige, no *Diário de Notícias*, página diária dedicada a assuntos de educação (até 1933).

1934

Publica o livro *Leituras infantis*, resultado de uma pesquisa pedagógica. Cria uma biblioteca (pioneira no país) especializada em literatura infantil, no antigo Pavilhão Mourisco, na praia de Botafogo. Viaja a Portugal, onde faz conferências nas Universidades de Lisboa e Coimbra.

1935

Publica em Portugal os ensaios *Notícia da poesia brasileira* e *Batuque, samba e macumba*.
Morre Fernando Correia Dias.

1936

Nomeada professora de literatura luso-brasileira e mais tarde técnica e crítica literária da recém-criada Universidade do Distrito Federal, na qual permanece até 1938.

1937

Publica o livro infantojuvenil *A festa das letras*, em parceria com Josué de Castro.

1938

Publica o livro didático *Rute e Alberto resolveram ser turistas*. Conquista o prêmio Olavo Bilac de poesia da Academia Brasileira de Letras com o inédito *Viagem*.

1939

Em Lisboa, publica *Viagem*, quando adota o sobrenome literário Meireles, sem o *l* dobrado.

1940

Leciona Literatura e Cultura Brasileiras na Universidade do Texas, Estados Unidos. Profere no México conferências sobre literatura, folclore e educação.

Casa-se com o agrônomo Heitor Vinicius da Silveira Grillo.

1941

Começa a escrever crônicas para *A Manhã*, do Rio de Janeiro. Dirige a revista *Travel in Brazil*, do Departamento de Imprensa e Propaganda.

1942

Publica *Vaga música*.

1944

Publica a antologia *Poetas novos de Portugal*. Viaja para o Uruguai e para a Argentina. Começa a escrever crônicas para a *Folha Carioca* e o *Correio Paulistano*.

1945

Publica *Mar absoluto e outros poemas* e, em Boston, o livro didático *Rute e Alberto*.

1947

Publica em Montevidéu *Antologia poética (1923-1945)*.

1948

Publica em Portugal *Evocação lírica de Lisboa*. Passa a colaborar com a Comissão Nacional do Folclore.

1949

Publica *Retrato natural* e a biografia *Rui: pequena história de uma grande vida*. Começa a escrever crônicas para a *Folha da Manhã*, de São Paulo.

1951

Publica *Amor em Leonoreta*, em edição fora de comércio, e o livro de ensaios *Problemas da literatura infantil*.
Secretaria o Primeiro Congresso Nacional de Folclore.

1952

Publica *Doze noturnos da Holanda & O Aeronauta* e o ensaio "Artes populares" no volume em coautoria *As artes plásticas no Brasil*. Recebe o Grau de Oficial da Ordem do Mérito, no Chile.

1953

Publica *Romanceiro da Inconfidência* e, em Haia, *Poèmes*. Começa a escrever para o suplemento literário do *Diário de Notícias*, do Rio de Janeiro, e para *O Estado de S. Paulo*.

1953-1954

Viaja para a Europa, Açores, Goa e Índia, onde recebe o título de Doutora *Honoris Causa* da Universidade de Delhi.

1955

Publica *Pequeno oratório de Santa Clara, Pistoia, cemitério militar brasileiro* e *Espelho cego*, em edições fora de comércio, e, em Portugal, o ensaio *Panorama folclórico dos Açores: especialmente da Ilha de S. Miguel*.

1956

Publica *Canções* e *Giroflê, giroflá*.

1957

Publica *Romance de Santa Cecília* e *A rosa*, em edições fora de comércio, e o ensaio *A Bíblia na poesia brasileira*. Viaja para Porto Rico.

1958

Publica *Obra poética* (poesia reunida). Viaja para Israel, Grécia e Itália.

1959

Publica *Eternidade de Israel*.

1960

Publica *Metal rosicler*.

1961

Publica *Poemas escritos na Índia* e, em Nova Delhi, *Tagore and Brazil*.

Começa a escrever crônicas para o programa *Quadrante*, da Rádio Ministério da Educação e Cultura.

1962

Publica a antologia *Poesia de Israel*.

1963

Publica *Solombra* e *Antologia poética*. Começa a escrever crônicas para o programa *Vozes da cidade*, da Rádio Roquette-Pinto, e para a *Folha de S.Paulo*.

1964

Publica o livro infantojuvenil *Ou isto ou aquilo*, com ilustrações de Maria Bonomi, e o livro de crônicas *Escolha o seu sonho*.

Falece a 9 de novembro, no Rio de Janeiro.

1965

Conquista, postumamente, o Prêmio Machado de Assis da Academia Brasileira de Letras, pelo conjunto de sua obra.

Bibliografia básica sobre Cecília Meireles

ANDRADE, Mário de. Cecília e a poesia. *In:* ANDRADE, Mário de. *O empalhador de passarinho.* São Paulo: Martins, [1946].

ANDRADE, Mário de. Viagem. *In:* ANDRADE, Mário de. *O empalhador de passarinho.* São Paulo: Martins, [1946].

AZEVEDO FILHO, Leodegário A. de (Org.). Cecília Meireles. *In:* AZEVEDO FILHO, Leodegário A. de (Org.). *Poetas do modernismo: antologia crítica.* Brasília: Instituto Nacional do Livro, 1972. v. 4.

AZEVEDO FILHO, Leodegário A. de. *Poesia e estilo de Cecília Meireles:* a pastora de nuvens. Rio de Janeiro: José Olympio, 1970.

AZEVEDO FILHO, Leodegário A. de. *Três poetas de Festa*: Tasso, Murillo e Cecília. Rio de Janeiro: Padrão, 1980.

BANDEIRA, Manuel. *Apresentação da poesia brasileira.* São Paulo: Cosac Naify, 2009.

BERABA, Ana Luiza. *América aracnídea:* teias culturais interamericanas. Rio de Janeiro: Civilização Brasileira, 2008.

BLOCH, Pedro. Cecília Meireles. *Entrevista:* vida, pensamento e obra de grandes vultos da cultura brasileira. Rio de Janeiro: Bloch, 1989.

BONAPACE, Adolphina Portella. *O Romanceiro da Inconfidência:* meditação sobre o destino do homem. Rio de Janeiro: Livraria São José, 1974.

BOSI, Alfredo. Em torno da poesia de Cecília Meireles. *In*: BOSI, Alfredo. *Céu, inferno*: ensaios de crítica literária e ideológica. São Paulo: Duas Cidades/Editora 34, 2003.

BRITO, Mário da Silva. Cecília Meireles. *In*: BRITO, Mário da Silva. *Poesia do Modernismo*. Rio de Janeiro: Civilização Brasileira, 1968.

CACCESE, Neusa Pinsard. *Festa*: contribuição para o estudo do Modernismo. São Paulo: Instituto de Estudos Brasileiros, 1971.

CANDIDO, Antonio; CASTELLO, José Aderaldo (Orgs.). Cecília Meireles. *Presença da literatura brasileira 3:* Modernismo. 2. ed. São Paulo: Difusão Europeia do Livro, 1967.

CARPEAUX, Otto Maria. Poesia intemporal. *In*: CARPEAUX, Otto Maria. *Ensaios reunidos:* 1942-1978. Rio de Janeiro: UniverCidade/Topbooks, 1999.

CASTELLO, José Aderaldo. O Grupo *Festa*. *In*: CASTELLO, José Aderaldo. *A literatura brasileira:* origens e unidade. São Paulo: EDUSP, 1999. v. 2.

CASTRO, Marcos de. Bandeira, Drummond, Cecília, os contemporâneos. *In*: CASTRO, Marcos de. *Caminho para a leitura*. Rio de Janeiro: Record, 2005.

CAVALIERI, Ruth Villela. *Cecília Meireles:* o ser e o tempo na imagem refletida. Rio de Janeiro: Achiamé, 1984.

COELHO, Nelly Novaes. Cecília Meireles. *In*: COELHO, Nelly Novaes. *Dicionário crítico da literatura infantil e juvenil brasileira*. São Paulo: Nacional, 2006.

COELHO, Nelly Novaes. Cecília Meireles. *In*: COELHO, Nelly Novaes. *Dicionário crítico de escritoras brasileiras:* 1711-2001. São Paulo: Escrituras, 2002.

COELHO, Nelly Novaes. O "eterno instante" na poesia de Cecília Meireles. *In*: COELHO, Nelly Novaes. *Tempo, solidão e morte*. São Paulo: Conselho Estadual de Cultura/Comissão de Literatura, 1964.

COELHO, Nelly Novaes. O eterno instante na poesia de Cecília Meireles. *In*: COELHO, Nelly Novaes. *A literatura feminina no Brasil contemporâneo*. São Paulo: Siciliano, 1993.

CORREIA, Roberto Alvim. Cecília Meireles. *In*: CORREIA, Roberto Alvim. *Anteu e a crítica:* ensaios literários. Rio de Janeiro: José Olympio, 1948.

DAMASCENO, Darcy. *Cecília Meireles:* o mundo contemplado. Rio de Janeiro: Orfeu, 1967.

DAMASCENO, Darcy. *De Gregório a Cecília*. Organização de Antonio Carlos Secchin e Iracilda Damasceno. Rio de Janeiro: Galo Branco, 2007.

DANTAS, José Maria de Souza. *A consciência poética de uma viagem sem fim:* a poética de Cecília Meireles. Rio de Janeiro: Eu & Você, 1984.

FAUSTINO, Mário. O livro por dentro. *In*: FAUSTINO, Mário. *De Anchieta aos concretos*. Organização de Maria Eugênia Boaventura. São Paulo: Companhia das Letras, 2003.

FONTELES, Graça Roriz. *Cecília Meireles:* lirismo e religiosidade. São Paulo: Scortecci, 2010.

GARCIA, Othon M. Exercício de numerologia poética: paridade numérica e geometria do sonho em um poema de Cecília Meireles. *In*: GARCIA, Othon M. *Esfinge clara e outros enigmas:* ensaios estilísticos. 2. ed. Rio de Janeiro: Topbooks, 1996.

GENS, Rosa (Org.). *Cecília Meireles:* o desenho da vida. Rio de Janeiro: Setor Cultural/Núcleo Interdisciplinar de Estudos da Mulher na Literatura/UFRJ, 2002.

GOLDSTEIN, Norma Seltzer. *Roteiro de leitura: Romanceiro da Inconfidência* de Cecília Meireles. São Paulo: Ática, 1988.

GOUVÊA, Leila V. B. *Cecília em Portugal*: ensaio biográfico sobre a presença de Cecília Meireles na terra de Camões, Antero e Pessoa. São Paulo: Iluminuras, 2001.

GOUVÊA, Leila V. B. (Org.). *Ensaios sobre Cecília Meireles*. São Paulo: Humanitas/FAPESP, 2007.

GOUVÊA, Leila V. B. *Pensamento e "lirismo puro" na poesia de Cecília Meireles*. São Paulo: EDUSP, 2008.

GOUVEIA, Margarida Maia. *Cecília Meireles:* uma poética do "eterno instante". Lisboa: Imprensa Nacional/Casa da Moeda, 2002.

GOUVEIA, Margarida Maia. *Vitorino Nemésio e Cecília Meireles:* a ilha ancestral. Porto: Fundação Engenheiro António de Almeida; Ponta Delgada: Casa dos Açores do Norte, 2001.

HANSEN, João Adolfo. Solombra *ou A sombra que cai sobre o eu*. São Paulo: Hedra, 2005.

LAMEGO, Valéria. *A farpa na lira:* Cecília Meireles na Revolução de 30. Rio de Janeiro: Record, 1996.

LINHARES, Temístocles. Revisão de Cecília Meireles. *In*: LINHARES, Temístocles. *Diálogos sobre a poesia brasileira*. São Paulo: Melhoramentos, 1976.

LÔBO, Yolanda. *Cecília Meireles*. Recife: Massangana/Fundação Joaquim Nabuco, 2010.

MALEVAL, Maria do Amparo Tavares. Cecília Meireles. *In*: MALEVAL, Maria do Amparo Tavares. *Poesia medieval no Brasil*. Rio de Janeiro: Ágora da Ilha, 2002.

MANNA, Lúcia Helena Sgaraglia. *Pelas trilhas do* Romanceiro da Inconfidência. Niterói: EdUFF, 1985.

MARTINS, Wilson. Lutas literárias (?). *In*: MARTINS, Wilson. *O ano literário:* 2002-2003. Rio de Janeiro: Topbooks, 2007.

MELLO, Ana Maria Lisboa de (Org.). *A poesia metafísica no Brasil:* percursos e modulações. Porto Alegre: Libretos, 2009.

MELLO, Ana Maria Lisboa de (Org.). *Cecília Meireles & Murilo Mendes (1901-2001).* Porto Alegre: Uniprom, 2002.

MELLO, Ana Maria Lisboa de; UTÉZA, Francis. *Oriente e ocidente na poesia de Cecília Meireles.* Porto Alegre: Libretos, 2006.

MILLIET, Sérgio. *Panorama da moderna poesia brasileira.* Rio de Janeiro: Ministério da Educação e Saúde/Serviço de Documentação, 1952.

MOISÉS, Massaud. Cecília Meireles. *In*: MOISÉS, Massaud. *História da literatura brasileira:* Modernismo. São Paulo: Cultrix, 1989.

MONTEIRO, Adolfo Casais. Cecília Meireles. *In*: MONTEIRO, Adolfo Casais. *Figuras e problemas da literatura brasileira contemporânea.* São Paulo: Instituto de Estudos Brasileiros, 1972.

MORAES, Vinicius de. Suave amiga. *In*: MORAES, Vinicius de. *Para uma menina com uma flor.* Rio de Janeiro: Editora do Autor, 1966.

MOREIRA, Maria Edinara Leão. *Estética e transcendência em* O estudante empírico, *de Cecília Meireles.* Passo Fundo: Editora da Universidade de Passo Fundo, 2007.

MURICY, Andrade. Cecília Meireles. *In*: MURICY, Andrade. *A nova literatura brasileira:* crítica e antologia. Porto Alegre: Globo, 1936.

MURICY, Andrade. Cecília Meireles. *In*: MURICY, Andrade. *Panorama do movimento simbolista brasileiro.* 2. ed. Brasília: Conselho Federal de Cultura/Instituto Nacional do Livro, 1973. v. 2.

NEJAR, Carlos. Cecília Meireles: da fidência à Inconfidência Mineira, do *Metal rosicler* à *Solombra*. *In*: NEJAR, Carlos. *História da literatura brasileira:* da carta de Caminha aos contemporâneos. São Paulo: Leya, 2011.

NEMÉSIO, Vitorino. A poesia de Cecília Meireles. *In*: NEMÉSIO, Vitorino. *Conhecimento de poesia*. Salvador: Progresso, 1958.

NEVES, Margarida de Souza; LÔBO, Yolanda Lima; MIGNOT, Ana Chrystina Venancio (Orgs.). *Cecília Meireles:* a poética da educação. Rio de Janeiro: Pontifícia Universidade Católica; São Paulo: Loyola, 2001.

OLIVEIRA, Ana Maria Domingues de. *Estudo crítico da bibliografia sobre Cecília Meireles*. São Paulo: Humanitas/USP, 2001.

PAES, José Paulo. Poesia nas alturas. *In*: PAES, José Paulo. *Os perigos da poesia e outros ensaios*. Rio de Janeiro: Topbooks, 1997.

PARAENSE, Sílvia. *Cecília Meireles:* mito e poesia. Santa Maria: UFSM, 1999.

PEREZ, Renard. Cecília Meireles. *In*: PEREZ, Renard. *Escritores brasileiros contemporâneos – 2ª série*: 22 biografias, seguidas de antologia. 2. ed. revista e atualizada. Rio de Janeiro: Civilização Brasileira, 1971.

PICCHIO, Luciana Stegagno. A poesia atemporal de Cecília Meireles, "pastora das nuvens". *In*: PICCHIO, Luciana Stegagno. *História da literatura brasileira*. Rio de Janeiro: Nova Aguilar, 1997.

PÓLVORA, Hélio. Caminhos da poesia: Cecília. *In*: PÓLVORA, Hélio. *Graciliano, Machado, Drummond & outros*. Rio de Janeiro: Francisco Alves, 1975.

RAMOS, Péricles Eugênio da Silva. *Solombra*. *In*: RAMOS, Péricles Eugênio da Silva. *Do Barroco ao Modernismo:* estudos de poesia brasileira. 2. ed. revista e aumentada. Rio de Janeiro: Livros Técnicos e Científicos, 1979.

RICARDO, Cassiano. *A Academia e a poesia moderna*. São Paulo: Revista dos Tribunais, 1939.

RÓNAI, Paulo. O conceito de beleza em *Mar absoluto*. *In*: RÓNAI, Paulo. *Encontros com o Brasil*. 2. ed. Rio de Janeiro: Batel, 2009.

RÓNAI, Paulo. Uma impressão sobre a poesia de Cecília Meireles. *In*: RÓNAI, Paulo. *Encontros com o Brasil*. 2. ed. Rio de Janeiro: Batel, 2009.

SADLIER, Darlene J. *Cecília Meireles & João Alphonsus*. Brasília: André Quicé, 1984.

SADLIER, Darlene J. *Imagery and Theme in the Poetry of Cecília Meireles:* a study of *Mar absoluto*. Madrid: José Porrúa Turanzas, 1983.

SECCHIN, Antonio Carlos. Cecília: a incessante canção. *In*: SECCHIN, Antonio Carlos. *Escritos sobre poesia & alguma ficção*. Rio de Janeiro: EdUERJ, 2003.

SECCHIN, Antonio Carlos. Cecília Meireles e os *Poemas escritos na Índia*. *In*: SECCHIN, Antonio Carlos. *Memórias de um leitor de poesia & outros ensaios*. Rio de Janeiro: Topbooks/Academia Brasileira de Letras, 2010.

SECCHIN, Antonio Carlos. O enigma Cecília Meireles. *In*: SECCHIN, Antonio Carlos. *Memórias de um leitor de poesia & outros ensaios*. Rio de Janeiro: Topbooks/Academia Brasileira de Letras, 2010.

SIMÕES, João Gaspar. Cecília Meireles: *Metal rosicler*. *In*: SIMÕES, João Gaspar. *Crítica II*: poetas contemporâneos (1946-1961). Lisboa: Delfos, s.d.

VERISSIMO, Erico. Entre Deus e os oprimidos. *In*: VERISSIMO, Erico. *Breve história da literatura brasileira*. São Paulo: Globo, 1995.

VILLAÇA, Antonio Carlos. Cecília Meireles: a eternidade entre os dedos. *In*: VILLAÇA, Antonio Carlos. *Tema e voltas*. Rio de Janeiro: Hachette, 1975.

YUNES, Eliana; BINGEMER, Maria Clara L. (Orgs.). *Murilo, Cecília e Drummond:* 100 anos com Deus na poesia brasileira. Rio de Janeiro: Pontifícia Universidade Católica; São Paulo: Loyola, 2004.

ZAGURY, Eliane. *Cecília Meireles*. Petrópolis: Vozes, 1973.

ÍNDICE DE PRIMEIROS VERSOS

A chuva chove mansamente... como um sono 26
Antes eu tivesse partido 65
Bendito seja Aquele 75
Corta-me o espírito de chagas! 21
Curvar-me até o chão, ...86
Dar a serenidade dos meus olhos 84
Deixei passar a ronda lenta 64
Dorme... Dorme... Rolam pelas 42
E diz-me a Desconhecida: 28
Eleito, ó Eleito! 88
Eleito, ó Eleito, ...67
Eleva, ...73
Esta chuva que vem, numa triste ternura 33
Estendo os olhos aos mares: 23
Eu tinha esta alma toda iluminada, ...30
Fecha os meus pobres olhos, ...69
Fez-se noite com tal mistério, ...37
Houve um tempo de oiro e de rosas, ...43
Já muitos sóis 78
Já não se pode mais falar!... 24
Leve... – Pluma... Surdina... Aroma... Graça... 45
Lá, onde Tu moras, ...57
Na alta noite deslumbradora, ...38
Nem palavras de adeus, nem gestos de abandono. 20

Nesta sombra em que vivo, ...58
Não me ouvirás... É vão... Tudo se espalha 31
Não sei que tempo faz, nem se é noite ou se é dia. 41
Olhavas-me tanto 55
Ó minha dor, ó minha dor, ...82
Os violinos choram, soturnos, ...40
Outono. As árvores pensando... 32
"Por que eu te quero tanto, tanto, ...36
Quando eu fiquei só, ...71
Quando eu não pensava em Ti, ...53
Saudade dos teus olhos diáfanos 80
Se Tu fosses humano, ...60
Sou triste porque sonhei 62
Tempestade. O desgrenhamento 27
Tinham-me ensinado que a vida 90
Trabalhei, sem revoltas nem cansaços, ...35
Vem de manso... de leve... e suave e doce 44
Vou a Ti 52

Conheça outros títulos de Cecília Meireles pela Global Editora:

Viagem

Viagem representa um momento de ruptura e renovação na obra poética de Cecília Meireles. Até então, sua poesia ainda estava ligada ao neossimbolismo e a uma expressão mais conservadora. O novo livro trouxe a libertação, representando a plena conscientização da artista, que pôde a partir de então afirmar a sua voz personalíssima: "Um poeta é sempre irmão do vento e da água:/ deixa seu ritmo por onde passa", mesmo que esses locais de passagem existam apenas em sua mente.

Encontro consigo mesma, revelação e descoberta, sentimento de libertação, desvio pelas rotas dos sonhos, essa *Viagem* se consolida numa série de poemas de beleza intensa que, por vezes, tocam os limites da música abstrata.

Estou diante daquela porta
que não sei mais se ainda existe...
Estou longe e fora das horas,
sem saber em que consiste
nem o que vai nem o que volta...
sem estar alegre nem triste.

Antologia poética

Nesta *Antologia poética*, podemos apreciar passagens consagradas da encantadora rota lírica de Cecília Meireles. Escolhidos pela própria autora, os poemas aqui reunidos nos levam a vislumbrar diferentes fases de sua vasta obra. Pode-se dizer, sem sombra de dúvidas, que o livro é uma oportunidade ímpar para se ter uma límpida visão do primor de seus versos. Cecília, por meio de uma erudição invejável, cria composições com temas como amor e saudade, que se revestem de uma força tenazmente única.

Nesta seleção de sua obra poética, Cecília elenca versos de outros livros fundamentais, como *Viagem*, *Vaga música*, *Mar absoluto e outros poemas*, *Retrato natural*, *Amor em Leonoreta*, *Doze noturnos da Holanda*, *O Aeronauta*, *Pequeno oratório de Santa Clara*, *Canções*, *Metal rosicler* e *Poemas escritos na Índia*. Como não poderia deixar de ser, a antologia também traz excertos centrais de seu *Romanceiro da Inconfidência*, livro essencial da literatura brasileira.

De posse do roteiro seguro que é esta antologia de poemas de Cecília Meireles, o leitor apreciará as sensibilidades de uma das maiores timoneiras do verso em língua portuguesa.